I0012517

O Programador de Sucesso

Como Ficar Rico Programando Sem Criar Uma Startup?

AUTOR: HUGO SANTOS

Copyright © 2020 Hugo Santos

Todos os direitos reservados.

Sumário

1. POR QUE NÃO CRIAR UMA *STARTUP*?

Andar no contrafluxo é um dos segredos para quem deseja alcançar o sucesso financeiro. Em todos os sentidos. Não há muita discussão nesse tema quando o assunto é a criação de um suposto restaurante de temaki ou se tornar celebridade de Instagram. Praticamente todos concordam que começar uma dessas atividades hoje em dia é tentar navegar em um barco já afundado. Por que seria diferente com a criação de startups?

Durante a última década, houve certo movimento de se romantizar a atividade empresarial, e não foi diferente na área de tecnologia. Todo jovem programador que inicia sua carreira nessa área se imagina criando sua startup com seus melhores amigos e vivendo uma vida de glamour e sucesso no Vale do Silício. Participar de rodadas de investimentos, levantar dinheiro, ter escritórios os mais descolados possíveis são alguns dos sonhos dos jovens nessa área.

Devido à excitação natural da juventude somada à áurea de sucesso iminente reportada diariamente pelos canais especialistas em tecnologia, pouco se pensa no grau de retorno desse tipo de investimento. Sim, investimento. Criar uma startup, na maioria das vezes, envolve pouco ou nenhum investimento de capital, mas não se engane. Serão anos, senão décadas de trabalho diurno e noturno, noites em claro, pouco tempo com a família, estresse acumulado, além de deixar de programar uma linha de código e aprender coisas em que você não tem o menor interesse, como gestão de pessoas e fluxo de caixa. Isso tudo para uma taxa de sucesso de menos de 10%. Não é à toa que mais de 90% das startups fecham nos primeiros cinco anos.

Quer dizer, então, que você deve se manter longe desse mundo? Eu jamais diria isso. Eu mesmo, caro leitor, faço parte dessa estatística. Montei, juntamente com dois dos meus melhores amigos, uma startup em 2015. Definimos o alvo, criamos o produto, atacamos o mercado e fechamos a empresa em 2017. Mesmo assim, costumo dizer que o que aprendi nesse período foi muito mais valioso que qualquer MBA e moldou parte de quem eu sou hoje. Então, qual o problema com startups?

Ela jamais trouxe o sucesso financeiro que eu planejei. Nem de perto, na verdade. Então, se você quer criar uma startup focando no aprendizado e amadurecimento, manda bala. Mas não deixe seu sucesso financeiro depender dessa empreitada. E é esse o assunto que abordaremos juntos neste livro. Vou compartilhar com você um caminho muito mais seguro, tranquilo e certo de como atingir seus objetivos financeiros na área de tecnologia. E o melhor de tudo: sem necessariamente parar de programar. Vamos começar?

2. O QUE É SER RICO?

É impossível se atingir aquilo que não se conhece. Dessa forma, precisamos, invariavelmente, definir o que é sucesso financeiro para você, caro leitor. E, sim, essa definição varia de uma pessoa para outra de uma forma inacreditável.

Aliás, vamos logo deixar uma coisa bem clara: sem devaneios filosóficos aqui. Este livro fala de dinheiro, e a riqueza aqui a ser definida é totalmente financeira. As outras riquezas são, sem sombra de dúvida, importantes, mas estão além do escopo abordado neste livro. O dinheiro, se bem usado, vai tornar a sua jornada em busca dessas outras riquezas muito menos complicada.

A definição de riqueza varia enormemente em contextos diversos, mas alguns pilares são imutáveis. Para ser rico, é preciso ter bastante dinheiro guardado. Além disso, para que consideremos alguém rico, essa pessoa não pode depender do seu salário para bancar seu estilo de vida. A questão que todos se perguntam é: quanto dinheiro é preciso ter guardado no banco para se considerar alguém rico? E quanto esse dinheiro deve render todo mês para que eu não precise mais trabalhar?

O primeiro reflexo de um leitor desavisado seria simplesmente calcular, segundo as taxas de retorno dos investimentos na época de leitura deste livro, quanto dinheiro ele precisaria guardar para pagar as suas contas atuais e nunca mais precisar trabalhar.

Uma pequena observação deve ser feita aqui: os cálculos a seguir partem do pressuposto de que o leitor já domina alguns conceitos básicos relativos a investimentos e renda passiva. Caso esse não seja o seu caso, eu te convido fortemente a estudar esse assunto o mais rápido possível. O material disponível em livrarias e na internet é extenso, e vale a pena você gastar algumas horas para dominar totalmente esse tópico.

Voltando ao assunto, utilizemos o seguinte exemplo: alguém que gasta mensalmente R$ 5 mil precisa de um rendimento de R$ 60 mil anuais para nunca mais trabalhar. Se a taxa de retorno real disponível na época de leitura for de 5% por ano, essa pessoa necessitaria de um investimento total de R$ 1,2 milhão. Vamos chamar esse valor de *montante objetivo*.

Um programador que ganha um salário na média do mercado brasileiro olha esse montante objetivo e simplesmente diz para si mesmo que esse objetivo é inatingível, fecha este livro e volta a jogar Playstation. Sabe o que mais? Ele tem total razão.

Este é o primeiro grande erro na jornada de um programador de sucesso. Você, caro leitor, jamais vai atingir sua independência financeira se planeja continuar ganhando pouco durante os próximos vinte anos. E isso já contando os futuros aumentos que virão com suas próximas promoções. E tentar ocupar um cargo gerencial, em vez de técnico, nada vai mudar. O alvo continuará muito distante.

Qual a solução então? — você se pergunta. A resposta é simples, direta e tudo o que você não quer ouvir: você precisa ganhar mais. Muito mais, na verdade.

Pense numa resposta plausível para a pergunta "Por que você não ganha mais neste exato momento?". Eu não leio mentes, mas tenho certeza de que a sua resposta passa por "na minha região, não existem empresas pagando mais que essa média para o meu cargo". Ou pior, "já estou no topo da carreira e, ainda assim, ganho pouco; a nossa área é assim mesmo, bastante emprego, mas não se ganha bem". Existem também aqueles que dizem "eu preciso me preparar mais para conseguir entrar nesta empresa; ela, sim, paga bem". Errado. Triplamente errado. Nenhuma dessas respostas explica verdadeiramente o porquê de você não ganhar mais. E eu te provo isso.

Me diz uma coisa: existem alguns programadores neste mundo ganhando muito mais do que você neste exato momento? Você não precisa ser superconectado para saber que sim. O Google pode te dar essa resposta rapidamente. A única coisa que te separa deles é a falta de criatividade. Isso mesmo, não há relação alguma entre a sua capacidade técnica e a deles. Se você fosse mais criativo, conseguiria ganhar o que eles ganham ou talvez até mais.

A razão pela qual você não é criativo o suficiente não tem ligação com alguma limitação inata ou algum bloqueio mental. É unicamente uma falta de motivo. Repito, se o seu motivo para ser criativo fosse forte o suficiente, a criatividade simplesmente apareceria.

Então voltemos ao problema original: por que você não está motivado o suficiente para ganhar mais e atingir o seu montante objetivo, tornando-se, assim, uma pessoa rica? A minha resposta vai chocar você, então se prepare. Simplesmente, o seu objetivo final é pouco excitante.

Isso mesmo. Se eu te mostrar agora mesmo o caminho a ser seguido para garantir o acesso a esses trabalhos altamente remunerados, pode ter certeza de que esse caminho não vai ser fácil nem simples. E ninguém está disposto a fazer coisas dessa natureza durante anos, talvez décadas, levando uma vida de sacrifícios, para um dia, ter a possibilidade de simplesmente poder pagar as contas de um padrão de vida mediano, que é o que provavelmente você definiu como objetivo.

Tudo muda quando você ajusta o objetivo para algo que provoca uma excitação verdadeira. Ainda utilizando o nosso exemplo anterior: se o nosso montante objetivo pudesse garantir a você uma renda mensal de R$ 50 mil, em vez de R$ 5 mil, isso tudo enquanto você vive uma vida altamente agradável gastando R$ 25 mil, em vez dos R$ 5 mil, o quão motivado você estaria para seguir esse plano? É, caro leitor, a sua energia acabou de mudar, e isso era tudo o que eu precisava para ajudá-lo a definir o seu próprio plano.

3. DEFININDO O TEU PLANO

Para começar a discutir o seu plano, simplesmente apague da sua memória todos os números que utilizamos como exemplo no capítulo anterior. Estes eram apenas exemplos e de nada servem aqui. Eu preciso que você mesmo defina suas metas, pois só assim você terá a dedicação total que precisamos a fim de atingir os seus objetivos financeiros.

O exercício a seguir é altamente prazeroso, mas assusta um pouco no início. Peço que você relaxe para apreciá-lo, sem querer ser muito racional neste momento. Precisamos disso.

Já vimos que, para descobrir qual o seu próprio montante objetivo, precisamos primeiro definir quanto você irá gastar por mês. Também já vimos que esse custo de vida não pode ser calculado com base em uma vida mediana, precisamos de algo realmente excitante aqui.

Pois bem. Você tem a tarefa de imaginar como seria a vida ideal para você e sua família em dez anos. Onde vocês morariam? Em qual escola seus filhos estudariam? Que carros teria? Que tipos de restaurante frequentaria? Como se vestiria? Eu sei, isso parece bastante com um *coach* motivacional, mas não se engane. O objetivo aqui é totalmente palpável, e estamos buscando números, não motivação vazia.

Após definir a sua vida ideal, agora é hora de sentar e calcular quanto essa vida custará. Use e abuse da internet para descobrir o aluguel desse seu apartamento, quanto custam as parcelas desses seus carros, as mensalidades das escolas das crianças etc. Atenção: lembre-se de que eu avisei que seria assustador no início, mas preciso que você se liberte dessas amarras e calcule o custo em cima da vida ideal, e não com base em uma vida que você consegue se enxergar tendo um dia. São duas coisas totalmente distintas.

Agora que temos o seu custo de vida mensal em mãos, ficou fácil calcular quanto deve ser gasto por ano. A essa altura, você já deve saber quanto consegue de rendimento real em aplicações relativamente seguras e estáveis. Pegue o valor do custo de vida anual e divida pela porcentagem de rendimento dessas supostas aplicações financeiras.

Um detalhe bastante importante aqui é não perder tempo com as minúcias. O plano que estamos montando será refeito dezenas de vezes ao longo da sua jornada, nós só precisamos de um ponto inicial para nos guiar. Então, fique livre para aproximar tudo, custo de vida, rendimento, montante final etc.

Fez tudo? Calculou tudo certinho? Então, meu nobre leitor, você já tem em mãos o valor final que precisa juntar para desfrutar de uma vida incrível e confortável durante a aposentadoria. Bem, o valor, com certeza, não está pequeno e olhá-lo durante muito tempo pode até dar um frio na barriga. É isso que queremos. Se o valor trouxer conforto, volte uma casa e refaça essa conta porque você sonhou muito baixo. Precisamos de excitação extrema aqui, lembre-se.

4. UM DETALHE QUE POUCOS TE CONTAM

Ao longo da minha jornada em busca da minha independência financeira, eu demorei anos para finalmente entender esse conceito de forma plena. Muito se fala sobre isso, mas quase sempre desinformando o público. Entenda uma coisa: a maioria dos influenciadores que você conhece está mais preocupada em te falar algo que te agrade do que em te falar a verdade. A verdade, quase sempre, não vende.

É bem verdade que precisamos, sim, ter cuidado e carinho com nosso dinheiro acumulado. Aprender a investir, como eu disse anteriormente, é algo primordial na nossa jornada. Se quisermos chegar lá, vamos ter que botar nosso suado dinheirinho para trabalhar.

O grande detalhe aqui está no fato de que não vai ser se tornando um expert master em investimentos que você irá atingir a meta que definimos juntos. Você pode conseguir 300% a taxa de retorno do Certificado de Depósito Interbancário (CDI) durante os próximos 10 anos, mas, se o valor acumulado mensalmente for baixo, você, ainda assim, estará mais longe do que perto.

O verdadeiro segredo em se atingir a tão sonhada independência financeira está em aumentar expressivamente a sua renda mensal e usar esse dinheiro com sabedoria. Como assim? Eu explico.

Eu vou, sem sombra de dúvida, mostrar, ao longo deste livro, como multiplicar o seu salário atual por cinco vezes ou dez vezes, no mínimo. Eu fiz isso com o meu salário, então sei do que estou falando. Sem enrolação.

Agora isso de nada adianta se o seu custo de vida, ao longo dessa fase inicial, subir na mesma proporção que o seu salário. Esse erro é muito mais comum do que você pode pensar, e mesmo aqueles que já começam a jornada ligados nisso podem cair nessa armadilha. Acredite, eu já vi acontecer algumas dezenas de vezes.

Agora veja bem. Eu prometi, no início deste livro, que a sua jornada seria difícil, complicada, porém prazerosa. O seu custo de vida pode, sim, subir sem problemas. E deve. Afinal, não tem forma melhor de nos mantermos motivados do que desfrutando o sucesso que estamos conquistando. Tudo o que peço a você é para ser razoável. Subiu o seu salário cinco vezes? Se dê o luxo de subir o seu custo de vida duas vezes — no máximo, três vezes —, mas deixe sempre uma margem gorda sobrando para os investimentos que garantirão o montante final. Do contrário, todo nosso esforço terá sido em vão.

Você já tem o montante final em mente e já entendeu que o foco para chegar lá tem que ser em obter altos salários e não gastar 90% do seu tempo procurando aquele investimento perfeito. Só nos resta botar no papel o plano, passo a passo, de como aumentar esse seu salário de uma forma que você nunca imaginou antes. Você achou que este livro era somente sobre motivação? Achou errado. Hora de partirmos para a ação!

5. A EXECUÇÃO DO PLANO

Você bem sabe que não vamos atingir nossa meta criando e vendendo startups. Altíssimo risco, baixíssima chance de dar certo, e o esforço e o tempo necessários para talvez chegar lá são dezenas de vezes maiores do que o que vou oferecer a você.

Vamos direto ao ponto, sem suspense. Na nossa área de programação e tecnologia, aqueles que mais ganham dinheiro trabalhando para os outros são aqueles que possuem duas características inegociáveis: 1) têm um conhecimento técnico aprimorado que pouquíssimos programadores têm numa área superespecífica que poucos sabem que sequer existe; 2) sabem vender seus serviços de forma efetiva para clientes que estão dispostos a pagar mais por um verdadeiro especialista.

Basicamente, se você não está no top 0.1% da nossa área você está pecando em um desses dois pontos. Daqui em diante, nosso foco neste livro será destrinchar o passo a passo claro e objetivo para que você chegue lá.

A PRIORIDADE MÁXIMA: MELHORE SEU INGLÊS

Pouco importa o que iremos definir daqui para frente, o fato é que as melhores empresas, aquelas que estão dispostas a pagar um extra para ter um verdadeiro especialista, estão todas trabalhando com programadores do mundo inteiro, certamente não estão se limitando a programadores brasileiros. Então, não adianta reclamar, você precisa aprimorar seu inglês e isso não se discute.

Agora nada de pânico. Quer uma boa notícia? Esquece essa ideia de inglês perfeito, gramática impecável e sotaque nova-iorquino. Primeiro porque, no mundo real, nas empresas globais de tecnologia, cerca de 70% da força de trabalho é composta por pessoas que não têm o inglês como língua primária. Então, ninguém está nem aí para o seu sotaque, simplesmente porque não existe um sotaque considerado normal. Estão todos acostumados com sotaque maluco, e isso é ótimo.

Segundo porque a gente sabe que, na nossa área, se usamos nossa voz em 10% do tempo de trabalho já é muito. A esmagadora maioria do tempo será você, sua tarefa a ser realizada e seu computador. E nenhum desses se importa com sua gramática rebuscada.

Aqui vai minha dica: foque todas suas energias em conversação. Você não deve passar um minuto sequer tentando aprender regras gramaticais ou aprimorando sua escrita. Isso vai vir com o tempo, naturalmente, uma vez que você comece a trabalhar com os gringos.

O mais importante aqui é garantir que você consiga seu primeiro contrato de prestação de serviço, e, para tal, conseguir entender e se expressar em inglês é realmente o que vai definir seu sucesso num próximo processo seletivo.

A melhor forma de resolver isso é buscando cursos focados em conversação ou, melhor ainda (foi o que eu fiz, por exemplo), um professor gringo que te estimule a falar em inglês algumas horas por semana. Existem diversos serviços online que oferecem pessoas ao redor do mundo que estão dispostas a conversar em inglês para aprimorar o inglês de um terceiro. É uma questão de escolher qual estratégia se encaixa melhor para você e cair para dentro.

ESCOLHENDO A TECNOLOGIA

Não tenho dúvidas de que você está se perguntando isso desde o momento em que leu as primeiras páginas deste livro. Não se culpe, esse é um vício que todos nós dessa área temos. Estamos sempre preocupados e dando imenso valor à tecnologia em si, como se ela, isoladamente, tivesse poder sobre nossa felicidade ou fosse fonte de prazer ou raiva.

Esquece isso. Esse é mais um paradigma que vamos precisar quebrar se você quiser realmente atingir suas metas previamente definidas aqui.

A tecnologia em si pouco importa. Aliás, importa menos ainda se você gosta dela ou não. Temos que estar focados no objetivo, não nos meios para atingi-lo. Além disso, tendemos a gostar daquilo em que somos bons. Logo, continuamos ruins naquilo que somos ruins porque não gostamos daquilo e, por consequência disso, não aperfeiçoamos aquela área. É contraprodutivo todo esse ciclo.

Se somos ruins em algo e aquele algo pode nos trazer imenso benefício, é mais do que óbvio que precisamos passar mais tempo fazendo aquilo até ficarmos bons para então começar a sentir prazer naquilo. É exatamente o que faremos.

Para definir a área de atuação em que irá oferecer seus serviços de especialista, você irá deixar de lado toda a sua paixão e experiência prévia para poder responder a seguinte pergunta: no momento de leitura deste livro, qual área de programação é um nicho fortíssimo, ou seja, poucos programadores conhecem, tem alta demanda hoje, tem uma boa perspectiva nos próximos cinco anos e empresas mundo afora estão utilizando?

Difícil? Nem tanto. Vou ajudá-lo. Primeiro, vamos deixar claro que nada que tenha centenas de recrutadores mandando vagas hoje será interessante, porque vai de encontro ao requisito "nicho". Então, deixemos de fora C#, Java, HTML, JavaScript, etc. Existem literalmente milhões de programadores mundiais que estão dispostos a trabalhar por baixíssimos salários nessas áreas, então não adianta querer concorrer com eles. Por isso, precisamos de algo de nicho.

Quer um bom exemplo? Descubra quais CRM ou CMS as grandes corporações americanas ou europeias têm usado. Faça uma lista e comece a buscar na internet vagas nesses países para consultor nessas tecnologias. Utilize ferramentas como o Glassdoor.com para sondar o valor da hora pago por essas empresas para consultores dessas áreas.

Esse princípio pode ser aplicado não somente para CRM ou CMS. Pegue qualquer grande área que esteja fora do radar dos seus amigos programadores e siga esse passo a passo. Uma hora você irá se deparar com alguma tecnologia em que as ofertas para consultores são abundantes, com excelentes taxas-horário (consultor não ganha salário, ganha por hora, lembre-se disso) e com uma defasagem gigante em relação à quantidade de mão de obra qualificada. É basicamente isso que buscamos.

COMO SE TORNAR UM PROGRAMADOR CELEBRIDADE?

Uma vez que tenhamos escolhido nossa futura área de atuação, fica claro que precisamos agora trabalhar para nos tornarmos tão almejados por essas empresas que elas, por mais que relutem, terão que abrir uma exceção (ou não) e acabar contratando um especialista remoto, em vez de continuar procurando alguém que more na cidade onde está sediada.

Aliás, essa relutância inicial é normal, não se preocupe. Todas elas vão fazer de tudo para encontrar alguém local antes de aceitar alguém remoto. Contudo, você lembra que um dos requisitos da nossa área de atuação era ser algo de nicho? Será pouquíssimo provável que haja abundância de mão de obra especializada numa área com essas características.

A primeira tarefa para se tornar esse programador-celebridade que todos querem é bem óbvia e, cá para nós, até fácil. Você vai se sentar na sua cadeira e estudar. Estudar muito. Bastante mesmo. Quando você achar que cansou, você marca mais duas horas e continua. Igualzinho você fazia na época de escola ou faculdade. Só que, dessa vez, lembrar que tem um cheque bem gordo à sua espera no outro lado do arco-íris vai ajudar a manter a motivação.

Porém nem tudo são flores. Estudar algo e aprender é básico, qualquer um pode fazer. Você provavelmente já até o fez no passado, com alguma outra tecnologia, e deve estar pensando: "fiz isso e não me tornei nenhuma celebridade, não funciona assim". Certíssimo, realmente não funciona.

Uma das maiores lições que eu quero que você tire deste livro é que, no mundo real, poucas pessoas se preocupam com o quão profundo é o seu conhecimento em alguma área específica. A esmagadora maioria das pessoas está realmente preocupada com o quanto você demonstra saber, e não com o que você, de fato, sabe. Percebeu a diferença?

Para se tornar um cobiçado consultor internacional, você precisa criar seu nome na indústria, e isso não acontecerá se você continuar focando no aprendizado da tecnologia somente. A gente precisa de mais. Muito mais. O ideal é que você seja reconhecido como uma espécie de Most Valuable Professional (MVP), um prêmio concedido anualmente por algumas empresas — Microsoft, por exemplo — aos programadores que mais colaboraram com a comunidade internacional no que diz respeito a essa tecnologia em questão. Novamente, foi exatamente o que eu fiz.

Uma coisa é você, como empresa, dizer não para alguém que parece ser bom, mas que mora do outro lado do mundo. Outra coisa bem diferente é você dizer não para um MVP, alguém que as empresas brigam entre si para ver quem leva. Por mais que ele tenha que trabalhar de forma remota, definitivamente o esforço extra vai valer a pena.

Agora a pergunta é: como se tornar um MVP na tecnologia escolhida? Vou dar algumas dicas que, quando executadas em conjunto, são infalíveis.

SE TORNANDO UM BLOGUEIRINHO

O título é exatamente o que eu quero que você faça. A gente precisa que você se torne um blogueiro. Obviamente, nada relacionado a assuntos da moda ou fofocas. Um blog totalmente técnico, mas a gente precisa de algum repositório onde colocaremos todos os textos e materiais produzidos por você, futura celebridade.

Novamente, foco no resultado. Pelo amor de Deus, não ceda à tentação de perder noites e mais noites montando a infraestrutura do seu blog. Simplesmente abra uma conta em um WordPress da vida e comece a produzir conteúdo. Lembre-se, o conteúdo vai te trazer frutos, a infraestrutura do blog não.

Agora vamos para a parte que você não quer escutar: sim, sugiro fortemente que o seu blog seja escrito em inglês. Nem que você tenha que escrever em português e depois traduzir (utilizando uma ferramenta online) para inglês, mas as empresas que vão reconhecê-lo como celebridade precisam ser capazes de ler o seu material. Então peço que faça esse esforço e produza o material final em inglês.

Outra dica que aprendi errando: as postagens no seu blog não precisam ser gigantescas. Você não precisa escrever livros. Aliás, nem deve. Ninguém quer ler esse tipo de postagem. Foque em postagens curtas, com 500 a 800 palavras e que equivalem a dois até cinco minutos de leitura. Utilize bastantes imagens com fotos de tela, ou até mesmo memes, se você gosta de uma pegada mais informal. Lembre-se: o público-alvo desse tipo de blog são justamente programadores. Escreva com isso em mente e irá encontrar naturalmente um tom que agrade a todos.

"Mas sobre o que escreverei?" — você deve estar se perguntando. Essa é a parte mais fácil. A resposta é simples e curta: sobre o que você estiver aprendendo ou trabalhando neste exato momento. Você está simplesmente instalando a plataforma? Escreva sobre isso. Você já está programando integrações para a mesma? Excelente material para várias postagens. Encontrou um bug e descobriu como resolvê-lo? Esse tipo de postagem vale ouro, é chuva de acessos garantida. O mais importante é postar bastante e com frequência, para irmos criando um repositório de conhecimento que vai elevar o seu nome e trazer uma credibilidade monstruosa quando algum recrutador analisar diversos candidatos a um cargo de consultor especialista.

DOMINANDO OS FÓRUNS DE PERGUNTAS E RESPOSTAS

É literalmente impossível um programador moderno não conhecer ferramentas como o Stack Overflow. Conheço até mesmo alguns que, se tirarmos essa ferramenta das suas mãos, eles automaticamente perdem a capacidade de programar. Mas isso é história para outro livro. Esses portais de perguntas e respostas são amplamente utilizados tanto por programadores iniciantes, que estão sempre postando perguntas, como pelos mais experientes programadores do mundo, que lá estão altruisticamente respondendo as mesmas.

Por que não tirarmos vantagem disso? Novamente, se coloque na pele de um possível recrutador que o está analisando para um futuro contrato como prestador de serviço. O que você sentiria se descobrisse que o perfil que tens em mãos é o de uma webcelebridade do Stack Overflow, que tem, digamos, uma das 20 maiores pontuações na tag específica relativa à plataforma na qual você trabalha. Isso certamente não é algo negligenciável. Posso garantir a você que o recrutador vai, pelo menos, parar para analisar o seu perfil com mais carinho do que os outros.

E quer saber a melhor parte? Ter uma altíssima pontuação como essa citada não tem relação alguma com responder perguntas hiperdifíceis e ser o Jedi master na tecnologia. É uma questão de ter consistência na utilização e postar sempre, tanto respostas como perguntas. Sim, perguntar representa quase tantos pontos quanto responder, e isso é pouquíssimo utilizado pelos seus concorrentes. Vamos aproveitar.

O segredo para atingir nossa meta aqui é ser esperto e não postar somente quando temos dúvidas ou quando temos a resposta para uma das perguntas postadas por outros. Eu sugiro fortemente que você poste uma pergunta e já a responda em seguida. Dessa forma, iremos otimizar o ganho de pontuação, já que acumularemos pontos por likes tanto na pergunta como na resposta.

Essa atitude pode parecer um pouco estranha à primeira vista, mas não é. Temos que lembrar que o foco desses fóruns é garantir que dúvidas sejam respondidas, tanto aquelas que lá são postadas como aquelas que ainda estão na mente de algum programador mais ousado. Se o programador puder encontrar sua pergunta já respondida em um post, melhor ainda. Pouco importa se ela foi respondida pelo criador da pergunta ou por terceiros.

Essa é a primeira grande dica que posso dar a você. A segunda responde uma pergunta que já deve estar martelando na sua cabeça. Sobre o que postar? A resposta é curta e simples. Sobre tudo. A única regra é evitar posts duplicados. Você procurou algo no fórum e não encontrou a pergunta? Poste-a imediatamente. Não encontrou a resposta? Assim que você a descobrir, volte lá e faça questão de respondê-la. Não encontrou nem uma nem outra? Você já sabe o que fazer.

Outro grande problema que percebo quando sugiro a estratégia aqui descrita aos meus pares é a frequência. Vários deles até começam a postar uma vez, duas vezes, mas perdem o foco e logo param. Não adianta: se alguém quer atingir o topo de pontuação, precisa ser consistente. E postar somente quando encontrar algo que você sinta que irá gerar vários likes é totalmente contraproducente. Você precisa se acostumar a postar sempre, e isso é não negociável.

A única forma de corresponder a essa promessa é simplesmente não tendo outra opção. Chegue no trabalho e coloque duas tarefas na sua lista de afazeres do dia: publicar ao menos uma pergunta hoje, publicar ao menos uma resposta hoje. Você simplesmente não pode ir para casa enquanto não o fizer. Fim de papo. Faça isso, e garanto a você que a criatividade para encontrar sobre o que postar vai vir mais rápido do que imagina.

REDES SOCIAIS: BATIDO, MAS AINDA FUNCIONA

Não há muito o que ser dito sobre esse tópico, então seremos breves. Todos concordam que as redes sociais são uma excelente forma de não somente se relacionar com colegas de profissão, mas também de criar uma posição de autoridade através da geração de conteúdo.

Contudo, sempre há um porém. Nesse ponto, eu vou no contrafluxo. Não acho que devamos perder tempo tentando nos tornar webinfluencers na nossa área. Nada de focar em posts com potencial de viralizar ou textões que tocarão os corações dos seus leitores.

Primeiro porque nós, como programadores, nos conhecemos. Esse tipo de coisa não funciona com a gente. Segundo, porque a ideia desse livro é criar uma estratégia otimizada e prática, e se tornar um influenciador digital é tudo, menos rápido e fácil. Você vai provavelmente gastar

80% do seu tempo nessa fase, para ter algo próximo de 10% a mais de retorno. Esquece.

O foco aqui será usar de forma inteligente as suas redes sociais profissionais. Primeiro, vamos nos limitar a Twitter e LinkedIn. Deixa o Facebook e Instagram para contas pessoais, caso seja do seu interesse. As duas primeiras é onde estará a sua audiência, então vamos focar nelas. Garanta que essas contas estejam organizadas e com um ar de profissionalismo no último nível. Nada de fotos de avatares engraçadinhas ou informais. Se precisar, peça ajuda a algum amigo fotógrafo e tire a melhor foto da sua vida para usar como imagem do perfil.

Lembre-se: a partir de agora, essas duas contas serão avatares do seu alter ego profissional. Se coloque sempre no papel de recrutador de uma grande corporação e monte seu perfil de acordo com o que essa pessoa gostaria de ver. Fotos profissionais são um começo, mas não são tudo. Sua bio deve ser escrita com isso em mente. Contrate ajuda de um profissional, se for preciso. Obviamente, ela precisa estar em inglês e português, caso seja possível. Se não, use somente o inglês, sem medo. Atualize o seu percurso profissional com alto nível de detalhamento, coloque suas habilidades técnicas e linguísticas. Troque recomendações com seus colegas de trabalho mais próximos. Não custa nada, e, se essa pessoa não está disposta a ajudá-lo com algo que custa zero centavo, talvez ela não seja tão colega assim. Eu já consegui entrevistas de emprego somente pelo alto número de recomendações que possuía, acredite nessa dica.

Deixe seu perfil tinindo, mas pare por aí. O grande erro em relação às redes sociais é gastar tempo demais aqui. Tempo fazendo isso significa menos tempo programando e faturando clientes. Reserve poucos minutos por dia para acessá-las e interagir um pouco com seus contatos, dando likes e comentando nas postagens de pessoas que podem ajudar a sua carreira no futuro. Todo mundo gosta de ter atenção nas redes sociais, e, fazendo isso, você irá automaticamente entrar no círculo de amigos virtuais dessas pessoas. Faça esse pequeno esforço aqui e passemos para o próximo tópico.

CHEGOU A HORA DE SUBIR NUM PALCO: PALESTRAS

Agora bateu uma vontade de fechar este livro, pode admitir. É simplesmente impossível para você se imaginar subindo em um palco para dar uma palestra. Acredite, eu sei como você se sente, também sentia isso. Mas tem cura.

Não somente a gente vai resolver essa sua vergonha como provavelmente você vai começar a sentir prazer em dar palestras. Aconteceu comigo e com um monte de gente que conheço. O segredo: entender que, naquele momento, você é a autoridade, e não o foco de julgamentos. O que você disser está dito.

No começo, não tem jeito: você vai sentir certa timidez, e a vontade de desistir vai ser grande. Para superar isso, a melhor estratégia é simplesmente dizer sim para algum convite e começar a espalhar, para toda a sua rede de contatos, essa grande novidade. A vergonha de subir no palco vai ser grande, mas a vergonha de desistir de tudo depois disso será maior ainda.

Nosso problema agora se resume a como conseguir um convite para uma palestra. Você irá se surpreender com o quão fácil é ser convidado para falar em um evento local. Dependendo de qual plataforma você escolheu para desenvolver a sua carreira, procure grupos de usuários locais e comece a se relacionar com eles virtualmente, através das redes sociais mencionadas no tópico anterior. Depois disso, passe a frequentar esses encontros como espectador. Ver e ser visto é a regra aqui.

Chegue junto de um dos organizadores e pergunte, sem meias-palavras, como você faz para apresentar uma palestra naquele evento. Provavelmente, você verá um belo sorriso se abrir no rosto desse sortudo profissional. A verdade é que nós que organizamos pequenos eventos e grupos de usuários sofremos horrores para conseguir manter nossos palcos ocupados. Normalmente, funciona no sentido inverso. Temos que praticamente implorar para conhecidos mais próximos falarem sobre algo, a fim de manter o grupo ativo.

Receber alguém que, por livre e espontânea vontade, quer apresentar algo é mais raro do que ganhar na loteria. Garanta que você tenha algo minimamente organizado em mente, e o seu convite irá se tornar realidade mais rápido do que espera.

Só nos resta definirmos o tópico da sua apresentação. Provavelmente, você está pensando que não conhece nada tão diferente assim que seja digno de uma palestra. Balela. Todos nós temos algo bem específico nos nossos trabalhos corriqueiros que se torna trivial para nós, mas que seria uma baita novidade para alguém que não faz parte do nosso projeto. Pode ser uma nova forma de organizar o projeto, algum script que reduza os custos, ou até mesmo algum framework de teste automatizado ligado a um pipeline de entrega continua que foi desenvolvido internamente. Busque algo e só pare quando encontrar.

Depois disso, é uma questão de sentar, organizar o seu roteiro, montar uma breve apresentação, que dure entre 20 e 40 minutos já contando com as perguntas e respostas ao final, e levar isso ao organizador do evento. Ele vai idolatrá-lo pelo resto da sua carreira, ou seja, vitória dupla: tanto porque uma palestra no nosso currículo faz uma grande diferença como por estar criando laços fortes com alguém influente na nossa área.

Depois disso tudo, acredite em mim. Subir num palco e compartilhar um pouco do seu conteúdo com seus pares será não somente possível, mas um prazer. Eu nem vou perder meu tempo para convencê-lo a fazer isso mais vezes porque sei que, se você fizer a primeira, as seguintes já estão garantidas.

APRESENTANDO EM EVENTOS MAIORES

Apresentar num evento local é fácil, verdade seja dita. Como eu disse, não custa quase nada, e a chance de ser aceito é gigantesca. Contudo, isso muda um pouco quando falamos de eventos maiores.

Provavelmente, você irá descobrir, com o tempo, que existem grupos de usuários mais famosos em cidades um pouco distantes ou até mesmo grandes conferências organizadas tanto pela comunidade de programadores como pela empresa que criou e vende a plataforma na qual você está se especializando.

Conseguir apresentar em um desses eventos é praticamente garantir seu status de programador-celebridade. Devemos ter sempre isso como objetivo. Mas não é fácil, eu sei.

Primeiro porque, nesses eventos, existe uma leve competição de outros possíveis apresentadores que lá querem estar. Você precisa garantir que a sua apresentação é interessante e está altamente treinada. Ter apresentado várias vezes em grupos locais na sua região pode ajudá-lo enormemente com isso. Tente gravar uma dessas apresentações e colocá-la disponível online. Com isso, os organizadores dos grandes eventos vão poder vê-lo em ação previamente e decidir se você está pronto ou não para grandes palcos.

Outra dificuldade nesse projeto é a provável distância. As chances de esse evento não acontecer na sua região são maiores do que menores. Logo, devemos pensar numa estratégia para garantir sua locomoção até o evento e estadia enquanto estiver por lá. Basicamente, temos duas opções. A primeira é você tratar isso como um investimento na sua própria carreira e bancar do seu bolso essa viagem. Lembre-se que se apresentar nesses palcos lhe garante o status de programador-celebridade, e, se souber usar isso ao seu favor, dinheiro não será mais um problema para você.

A outra saída, e esta foi a que eu utilizei, é conversar com o seu atual empregador e ver se ele tem interesse em patrocinar a sua viagem. Muitas vezes, a resposta será positiva. Para uma empresa, ter o seu nome exposto num grande palco vale muito mais do que o valor investido para ter você lá. Se você recebeu o convite, já fez a parte mais difícil. Cabe à empresa pagar. Seja qual for o resultado dessa conversa, você passará a ser visto com outros olhos internamente pelo seu atual empregador.

HORA DE JUNTAR TODAS AS PEÇAS: NETWORKING

Você já é bom tecnicamente, virou blogueiro, tem perfis profissionais sólidos em redes sociais e é altamente presente nos fóruns de perguntas e respostas. Além disso tudo, soma uma ou mais apresentações em eventos locais. Você começou a ser notado não somente pelos seus pares, mas pelos mais famosos da sua plataforma.

Então, é hora de deixar a vergonha de lado e adicionar, nas redes sociais, toda e qualquer grande figura que trabalhe com a tecnologia que você escolheu. Em 90% dos casos, esses programadores serão altamente abertos e simpáticos com quem está começando, ainda mais se essa pessoa se mostra tão interessada quanto eles na plataforma em questão.

Converse sobre a plataforma, puxe papo, troque ideias, comente nas postagens deles, interaja. Mas não se esqueça: isso tudo é trabalho. Então, é para fazer isso quanto você estiver a fim e fazer duas vezes mais quando não estiver. Sem essa de deixar a vontade guiá-lo.

Como bônus, você vai perceber que muitos desses figurões são os organizadores dos tais grandes eventos. Com tanta proximidade e vendo que você gosta de apresentar em público, um convite para tais conferências acaba se tornando uma questão de tempo.

Outra coisa bem interessante é que vários desses profissionais fazem parte dos comitês analisadores dos profissionais merecedores de prêmios e títulos na indústria. Ficará bem mais fácil se candidatar e receber um desses prêmios em breve caso você seja tão próximo daqueles que irão analisá-lo. No meu caso, por exemplo, vários desses profissionais ficaram abismados quando me candidatei pela primeira vez. Juravam que, pela minha presença virtual na cena, eu já recebia esse título há anos. Ficou fácil receber o meu primeiro título depois disso.

E, por último, mas não menos importante, o mais óbvio benefício: futuros contratos como consultor especialista. Vários desses figurões ocupam posições de lideranças nas grandes corporações que buscam candidatos como você. Alguns deles podem, inclusive, ter fundado suas próprias empresas de consultoria. Ser próximo desse público vai certamente facilitar bastante a sua árdua tarefa de conseguir o primeiro contrato como consultor. O primeiro é sempre o mais difícil.

6. QUER APRENDER A SE VENDER MELHOR?

A partir deste momento, você, caro leitor, acaba de virar uma empresa. Sim, mesmo que não tenha ainda um Cadastro Nacional da Pessoa Jurídica (CNPJ), você é uma empresa, um negócio, um business.

Quando está estudando uma plataforma específica e garantindo que você a domina, pelo menos tecnicamente, por completo, você está criando seu produto. O produto que sua empresa irá vender.

Quando você, conforme sugerido no capítulo anterior, possui uma estratégia para produzir conteúdo e se manter relevante socialmente dentro da sua comunidade de programadores, você está tomando conta do marketing da sua empresa.

Quando você está gerando conexões com os figurões que trabalham na mesma plataforma que você, a fim de criar futuras oportunidades tanto de negócios como de marketing, você está operando o departamento de relacionamento com o cliente da sua empresa.

E, como toda e qualquer empresa, você, a partir deste momento, precisa vender seu produto, se quiser continuar operando esse tão amado e querido negócio. Não há outra opção, não há outra saída. Você terá que se tornar um vendedor, e — eu sei, meu caro — isso é aterrorizante.

Durante nossas carreiras, criamos o reflexo nato de reclamarmos dos vendedores com os quais trabalhávamos, pois eles sempre tendem a vender aquilo que nós, como programadores, sabemos ser impossível de ser realizado no prazo proposto. E isso é a mais pura verdade. Essa prática, que costuma trazer clientes no curto prazo e afastá-los no longo, ainda é bastante presente na nossa indústria e deve ser abominada. Mas quem disse que essa é a definição de um bom vendedor?

Um bom vendedor é simplesmente alguém que é capaz de realizar duas coisas. Primeiro, identificar alguém que tem um problema que pode ser solucionado por um dos produtos vendidos. No nosso caso, empresas que necessitem de um consultor especialista em uma determinada plataforma. Segundo, convencer essa pessoa de que a empresa para qual ele trabalha é capaz de realizar o serviço proposto, dentro de um orçamento aceitável. Fim. Não há nenhuma pré-condição aqui que exija ser capaz de mentir, exagerar, ou algo que o valha. É isso que devemos guardar em mente daqui para frente.

Lembre-se: a essa altura, você já será alguém muito bem relacionado, graças às suas múltiplas conexões online construídas através de meses ou anos interagindo em fóruns, viajando para eventos e apresentando palestras. Você, melhor do que qualquer vendedor profissional, é a pessoa ideal para descobrir empresas que precisem do seu produto: você.

E quem melhor do que você, alguém que conhece como poucos tanto a plataforma como a comunidade, para convencer um possível cliente de que você pode simplesmente ajudá-lo com programação? Afinal, é isso que sabemos fazer de melhor, não nos esqueçamos. Sabendo se posicionar como uma opção ligeiramente mais barata do que programadores locais, mas não tão barata ao ponto de que a qualidade do seu código seja posta em dúvida, ele não terá outra escolha a não ser contratar você o mais rapidamente possível.

Mas não vamos nos contentar com pouco aqui. Nosso foco, conforme já discutimos no início deste livro, é faturar nossos clientes em uma moeda forte, como o dólar ou o euro, enquanto gastamos em real. Essa alavanca do câmbio é um fator primordial para o sucesso do nosso plano. Logo, por dedução óbvia, vamos mirar somente em futuros clientes internacionais, por mais que você também possua conexões nacionais.

É hora de deixar a vergonha de lado e se tornar sua versão mais cara de pau que você já viu. Chame para um papo descontraído todo e qualquer programador influente na sua plataforma escolhida com o qual você possui alguma relação. Convide-o para uma chamada online a fim de tirar algumas dúvidas sobre carreira e profissão. Ele vai amar, vai se sentir valorizado e posto numa posição de autoridade. Quem não gosta disso?

Depois, é uma questão de explicar para esses colegas que, a partir de uma data estipulada, você estará no mercado em busca de contratos como consultor internacional especialista na plataforma. Sua imagem já foi construída, uma imagem de alguém que sabe o que está fazendo, e não de um aventureiro. Seus colegas confiam em você. E o mais importante: eles confiam, mesmo nunca tendo trabalhado com você antes. Esse é o poder de ser um programador-celebridade.

O que você acha que eles farão caso os projetos nos quais eles estão trabalhando neste momento estejam precisando de uma forcinha? Foi exatamente assim que eu consegui não somente o meu primeiro contrato, mas os dois primeiros. E eu tenho certeza de que será assim que você conseguirá o seu. É algo tão natural que seria estranho se não acontecesse cedo ou tarde.

COMO SE DIFERENCIAR DOS ASIÁTICOS?

A premissa deste livro passa por nos tornarmos consultores internacionais especialistas em uma determinada plataforma e faturarmos clientes localizados em países de moeda forte enquanto moramos em um país de moeda fraca.

Nada disso é novidade para nossos colegas programadores asiáticos. Indianos e paquistaneses, principalmente, já fazem isso há décadas. E, como eles são bastante numerosos e se formam numa velocidade impressionante, a lei de oferta e procura acaba achatando consideravelmente a taxa horária cobrada por eles para valores menores do que aqueles praticados no mercado interno brasileiro.

Como nos diferenciarmos deles então? Como fazer para que nossos futuros clientes não nos enxerguem como alguém mais barato, que fala um inglês meia-boca, mas que é melhor do que não ter ninguém?

Saber se vender bem é mais importante do que saber a tecnologia em si. E é aqui que nossos colegas asiáticos comumente falham.

Eles focam quase que a totalidade de sua energia em aprender a parte técnica, mas falham miseravelmente quando tentam se vender aos clientes americanos. Entram em uma batalha de quem cobra menos, em que todos perdem, em vez de tentar mostrar para esses possíveis clientes como são capazes de resolver problemas.

Você, meu caro leitor, não cometerá esse erro. Primeiro, você é um programador-celebridade. Qualquer pessoa que não valorizar o seu lado técnico será um tolo e alguém com o qual não valerá a pena gastarmos nosso tempo. Você é alguém que já provou, perante a comunidade internacional, o seu valor.

Segundo, você, por conhecer o seu valor, não entrará em batalha de preços. Aqui vai um segredo: as empresas têm dinheiro. Muito dinheiro. É, fui sarcástico aqui. Mas, às vezes, esquecemos disso. Nenhuma empresa que tenha certeza de que você é a pessoa certa para resolver os problemas que ela tem enfrentado vai deixar de contratá-lo porque você custa um pouco mais do que outro em que ela não confia.

Seu preço é seu preço, e não interessa se alguém no Paquistão está cobrando um terço do seu valor. Não recue.

Outro fator primordial para nós brasileiros é o fuso-horário. Temos a vantagem de estarmos muito próximos, em termos de fuso-horário, dos Estados-Unidos. Algo bem diferente do que os colegas asiáticos experimentam. E as empresas sabem disso. Elas sabem que, ao contratar profissionais da Ásia, têm duas escolhas: ou eles nunca vão trabalhar junto com a equipe local em termos de horário, ou eles vão ter uma equipe trocando o dia pela noite. Não tem situação boa nesse cenário.

A conclusão aqui é uma só: você é conhecido por ser bom, deve se valorizar como tal, e programadores baratos e desesperados que moram do outro lado do mundo não estão disputando lugar com você. Você joga na primeira divisão, sua conversa é com os figurões locais das empresas americanas. Foco neles.

7. QUAL A HORA CERTA DE SAIR DO EMPREGO?

Com o plano em mente, todo definido e pronto para ação, essa é uma pergunta de extrema importância a se fazer. E a resposta, obviamente, não é trivial. Depende de uma série de fatores, mas vou tentar aqui ajudar a esclarecer cada um deles.

O primeiro ponto é o mais simples: você só deve largar seu emprego e buscar o primeiro contrato quando já tiver se tornado um programador-celebridade. Isso não é negociável. Durante o processo, você vai receber ofertas de contratos bastante atraentes, mas terá que recusar. Estamos numa maratona, não numa corrida de 100 metros. Então, não adianta conseguir um contrato que pode durar alguns meses e, ao término dele, se encontrar sem fonte de renda por longos meses.

A cartada "programador-celebridade" garante não somente uma facilidade em conseguir o seu primeiro contrato, mas também que você encontrará outros depois desse, com certa facilidade. Por mais que esse pensamento seja desagradável, temos que ser racionais e saber que contratos acabam. E, na maioria das vezes, eles acabarão de forma

41

inesperada, por mais que o feedback recebido semana após semana seja extremamente positivo.

Temos que estar prontos e na ativa para conseguir um próximo contrato. E nada melhor do que ser extremamente reconhecido e bem relacionado na comunidade internacional para ajudar nessa missão. Após algumas mensagens nas redes sociais, você terá não uma, mas algumas entrevistas marcadas durante a semana. O próximo contrato se torna, portanto, uma questão de tempo.

Outro ponto crucial para saber a hora certa de fazer essa transição é a questão financeira. Como consultor, nós não temos um salário mensal. Algo importante de se saber é que consultores, ao término do mês de serviço prestado, geram uma fatura para seus clientes, que têm um prazo de pagamento, geralmente, de 30 dias adicionais. Ou seja, a partir do momento no qual você começar a trabalhar como consultor, calcule que se passarão não um, mas dois meses sem renda alguma. Isso se o seu cliente não atrasar o pagamento, algo que não é raro acontecer.

Se eu pudesse voltar no tempo hoje, diria, para mim mesmo, que alguém que pensa em fazer essa transição deve ter, pelo menos, quatro meses de custos mensais guardados e prontos para serem usados. Essa tranquilidade e essa paz de espírito são fundamentais para o sucesso do seu projeto.

O início de uma empresa é sempre algo que traz certa carga de estresse, não é fácil ter que lidar com burocracia, abertura de conta em banco, papelada para o contador, faturamento do cliente, e isso enquanto tenta produzir oito horas diárias de programação de altíssima qualidade. Juntar a isso tudo a incerteza de não saber se vai ser capaz de pagar as contas do próximo mês, caso o cliente atrase o pagamento, só reduz as chances de sucesso.

Algo importante de ser notado, é que mesmo tendo certa tranquilidade em relação a fechar novos contratos no futuro e sendo capaz de manter as contas pagas durante alguns meses, mesmo que os clientes demorem a pagar, o medo será um companheiro constante daqui para frente. Seria estranho se não o fosse. Você dedicou sua carreira inteira para se tornar esse profissional que você é ou será. Largar todo o conforto de um emprego, mesmo que seja para ir buscar sua independência financeira, não é fácil e dá, sim, muito medo. Mas faz parte. Se você tiver calculado tudo corretamente e tiver se preparado perfeitamente, irá sentir menos medo. Mas não ter medo, nesse momento, vai ser impossível.

EVITE OS ERROS MAIS COMUNS AO VIRAR PJ

Agora que já sabemos exatamente como e quando você deve fazer a transição de funcionário para consultor internacional, vamos falar um pouco dos erros mais comuns que acontecem nesse momento.

Muito provavelmente essa será a primeira vez que você abrirá uma empresa. É algo que dá medo, como já falamos anteriormente, mas também é algo extremamente excitante. Você já começa a se olhar e pensar como um futuro empresário de sucesso. E é justamente aqui que devemos manter a calma.

Você conseguiu se tornar um programador-celebridade, todo mundo na sua área o conhece, as ofertas de contrato começam a chegar sem você nem ao menos pedir, e tudo está fluindo bem. Mas pé no chão. O nosso plano é atingir o sucesso financeiro, não alimentar nosso ego. Nessa fase do plano, ainda não ganhamos um mísero centavo decorrente da nossa estratégia aqui aplicada.

É muito comum ficarmos superconfiantes nessa fase e começarmos a sonhar alto demais. Sonhar é ótimo, não me entenda mal, mas sonhar demais retira energias que seriam gastas em execução. E, nesse momento, precisamos executar muitas coisas em paralelo e todas com extrema velocidade, então sonhar alto demais pode, sim, nos atrapalhar.

Não é hora de perder tempo pensando no nome da sua empresa, escolhendo um nome que seja possível escalar para uma multinacional no futuro ou algo do gênero. Use seu nome com alguma terminologia tecnológica no final e está feito. Passe para a próxima etapa. Da mesma forma, não é hora de perder tempo com logotipos, identidade visual, site profissional, cartão de visita ou escritório pomposo. Nada disso agrega valor para nossos clientes, e ninguém na face da Terra vai te contratar por conta desses fatores.

Estamos começando um novo negócio, e, como em todo novo negócio, o foco tem que ser na entrega de valor ao nosso cliente. Só. Ou seja, gaste esse tempo inicial em apenas três coisas: encontre um bom contador que tenha experiência em empresas que lidem com clientes estrangeiros, o que trará bastante economia em impostos, então vale a pena investir muito nisso; garanta que você tem um computador potente e robusto, já que, no mundo dos consultores, é normal precisar rodar máquinas virtuais superpesadas; e mantenha seu networking ativo, já que isso é o que irá garantir seu próximo contrato quando o primeiro for finalizado.

Fazendo isso, você garante que consegue entregar valor para seu cliente com o que sabemos fazer de melhor, que é programando, mas também otimizamos nossos ganhos através de economias fiscais e em dias trabalhados, já que um computador que vive dando problema impacta diretamente na quantidade de horas ou dias nos quais você conseguiu trabalhar.

8. COMO CONSEGUIR O PRIMEIRO CONTRATO

O básico já foi discutido neste livro, e a melhor estratégia possível é através da ativação da sua rede de contatos. Mas vamos entrar nos detalhes, pois tenho certeza de que, quando se trata de algo tão novo e complexo, quanto mais informação a gente conseguir compartilhar aqui, mais fácil e seguro será esse processo.

A primeira dica que eu apliquei durante a minha jornada e que eu aconselho você a executar também foi fazer uma rodada de prospecção de teste antes de realmente partir em busca do meu primeiro contrato. Explico: oito meses antes da minha data prevista de transição, eu, que já estava colocando o plano em prática, e, portanto, já era levemente conhecido na comunidade internacional, mas não ainda uma celebridade, decidi sentir a temperatura da água naquele momento. Lembre-se: diferente de você, caro leitor, eu não tive ninguém para me guiar nesse processo, e cada nova etapa era recheada de incertezas.

Dessa forma, eu defini uma estratégia: passei uma semana contactando pessoas físicas e jurídicas com as quais eu já tinha algum tipo de relação, sondando se elas estariam dispostas a me contratar como consultor para trabalhar remotamente. Não somente isso, mas eu também aproveitei o LinkedIn para me conectar com todo e qualquer recrutador que trabalhasse em empresas nas quais eu sabia que se utilizava uma das tecnologias em que eu havia me especializado. Mandei mensagem para todos explicando que eu estava decidido a largar o maravilhoso emprego que eu tinha na época e me tornar um consultor independente.

Essa semana de esforços me rendeu 12 ligações telefônicas de sondagem desses contatos. Essas ligações me renderam cinco entrevistas iniciais, que, por sua vez, se converteram em duas propostas reais em cima da mesa. Não era exatamente o valor de hora que eu tinha em mente, mas era algo. Aliás, eu ainda não havia recebido meu título de MVP, então nada mais esperado do que uma taxa horária um pouco mais baixa. Isso tudo sem mencionar que, ainda assim, correspondia a 85% de aumento quando comparado com meu salário como funcionário na época.

Foi tentador, mas eu preferi manter meu plano em ação e recusar tais ofertas. Era a coisa certa a se fazer naquele momento, por mais que o dinheiro fosse atraente. O problema foi que essa rodada de teste me fez perceber que a maioria dos contatos que eu fiz não me respondeu da forma esperada. Eu ainda tinha muito chão para percorrer e trilhar meu caminho de programador-celebridade. Não adiantava dar um passo maior que minha perna e me complicar lá na frente.

Isso sem contar que a empresa para qual eu trabalhava nessa época pagava todas as minhas viagens, inclusive internacionais, para apresentar em palestras diversas, além do suporte incrível que me dava para que eu produzisse material de blog com o conteúdo que eu aprendia e utilizava no meu dia a dia na empresa. Era uma situação perfeita para quem estava trilhando o caminho do programador-celebridade.

Naturalmente, os meses foram passando, e, cedo ou tarde, chegou o momento calculado para a minha transição. O que fazer? Exatamente o que eu havia feito meses atrás: contactar minha rede de colegas e recrutadores. E, dessa vez, eu já tinha uma ideia melhor de que tipo de abordagem funcionava e do que não era tão eficiente para tal propósito.

Dessa vez, sendo um profissional bem mais conhecido e até mesmo melhor conectado, eu tive a possibilidade de oferecer meus serviços a mais entidades, e a taxa de resposta positiva para uma entrevista inicial foi mais alta do que a verificada na rodada de testes. Foram várias entrevistas, com diversos tipos de empresa. Empresas multinacionais gigantescas, empresas menores com algumas dezenas de funcionários e até mesmo outros consultores independentes que já tinham conseguido contratos e estavam em busca de parceiros para ajudá-los a alavancar o negócio.

Não tem cenário melhor do que você possuir opções sobre a mesa e se encontrar numa situação em que você pode escolher com calma qual proposta aceitar. E foi justamente o que aconteceu comigo e acontecerá com você, caso se torne um programador-celebridade. Essa abundância de respostas vai te passar a segurança necessária de que, caso o primeiro contrato não funcione por uma razão ou outra, você encontrará rapidamente outro para repor o mesmo.

Pouco importa se, nesse primeiro momento, você vai acabar com um contrato direto com um cliente, ou seja, alguma grande empresa que usa a plataforma na qual você se tornou um especialista e precisa de ajuda para implantá-la, ou se você fechará contrato com uma agência intermediária, algo bastante comum na nossa indústria. O importante é que você, pelo menos nessa fase inicial, foque em contratos médios ou longos: seis meses ou mais será o seu alvo. Mesmo que, para isso, você precise renunciar a uma taxa horária mais elevada, valerá bastante a pena. O início dessa jornada, conforme já conversamos anteriormente, é muito turbulento, e já começar um contrato preocupado com o próximo é tudo o que não queremos.

9. COMO DEFINIR O VALOR DA HORA

Essa é uma pergunta totalmente válida e que devemos responder com bastante cuidado. Esse número pode definir se a sua independência financeira será atingida em cinco ou dez anos, ou seja, o dobro do tempo. Não é hora de se vender por menos. Ao mesmo tempo, também não é hora de exagerar na pedida, afinal estamos falando de um primeiro contrato. Saber definir o valor da hora cobrada para esse tipo de contrato é uma arte, e vou compartilhar com vocês um pouco do que aprendi com minhas experiências.

A primeira coisa que temos que tirar do nosso caminho é a tendência natural que você deve se comparar com o mercado nacional. É normal começar a calcular seus rendimentos mensais em real e perceber que, com um valor de hora considerado baixo para os padrões mundiais, você, ainda assim, fará duas ou três vezes o que um programador sênior faz trabalhando para empresas locais no Brasil.

O reflexo de se acomodar com o resultado dessa comparação deve ser repelido com todas as forças possíveis. Nós não entramos nessa para se contentar com pouco, por mais que a lei do menor esforço tente nos ludibriar mostrando que estamos melhor que a média.

Você deve passar algumas semanas pesquisando com seus contatos, anúncios na internet, ferramentas como o Glassdoor, e qualquer outra forma que você consiga imaginar, para descobrir o quanto consultores independentes estão cobrando para o tipo de serviço que você planeja oferecer. Não queremos um valor fixo aqui, queremos um intervalo. Eis um exemplo com uma moeda fictícia: consultores que eu conheço que estão com essa plataforma há décadas, moram na cidade do cliente, são fluentes no inglês e bastante desenvoltos, estão cobrando 200 unidades. Por outro lado, consultores indianos que trabalham em período noturno, não dominam a língua inglesa tão bem e têm grande dificuldade em se vender cobram, em média, 30. Esses dois são os extremos. Já consultores que moram nas Américas e trabalham remotamente, no mesmo fuso-horário dos clientes, experientes, mas com apenas alguns anos trabalhando com essa plataforma específica, cobram 70. É por aqui que vamos nos situar. É legal saber que temos bastante espaço até atingir o ponto em que cobraremos 200, mas vamos começar com os pés no chão para garantir o primeiro contrato.

Se a taxa horária média em dólar cobrada por esses especialistas representa, em real, dez vezes o salário médio pago no Brasil, é válido aceitar um contrato que represente 70% a 80% dessa taxa, simplesmente por estarmos falando do primeiro contrato de um programador remoto que acabou de ingressar no mundo da consultoria independente. Jamais 20%, conforme demonstrado no exemplo anterior.

E, ainda assim, aceitaremos esse contrato já com a intenção de trazer esse valor para 100% da média dentro de alguns meses, quando não seremos mais tão iniciantes assim nesse assunto.

Algo que eu sempre faço questão de manter na minha mente é o fato de que trabalhamos duro — às vezes, por anos — na criação do cenário perfeito para essa transição. Vamos fazer valer a pena o fato de que nos tornamos programadores-celebridades a nível mundial, não nacional. Não faz mais sentido se comparar com o mercado de trabalho brasileiro, por mais que a força do hábito tente fazê-lo. Agora estamos jogando na Copa do Mundo.

Claro que nem tudo são flores. Nossos clientes são empresas e, como toda boa empresa, têm seu foco no lucro. Este é gerado aumentando a entrada de capital e reduzindo os gastos ao máximo. Essa segunda parte nos atinge diretamente. Em outras palavras, esses clientes farão de tudo para abaixar o máximo possível a taxa horária paga para especialistas, muito mais do que fariam se estivessem negociando o salário de um funcionário.

Dessa forma, não espere um sim logo de cara. O segredo do sucesso nessa disputa é entender que essa disputa de valor faz parte do jogo. É totalmente válido entrar preparado para negociar para baixo, usando todas as armas necessárias para vencer. Adicione 15% ou 20% em cima do valor esperado e tenha essa margem de manobra. Argumente que, para contratos acima de seis meses, você está disposto a dar esse desconto. E lembre-se: você receberá mais não do que sim, faz parte da jornada do programador de sucesso.

COMO AUMENTAR O VALOR DA HORA COM O TEMPO?

Dentro de poucos meses, essa nova dinâmica — que envolve trabalhar, gerar faturas, cobrar atrasados e receber gordos pagamentos, isso tudo enquanto mantém o seu cliente feliz e satisfeito — não será mais novidade. O ser humano tem uma imensa facilidade de se habituar a novas realidades, e, com você, não será diferente.

Isso deve acontecer lá pelo sexto mês de contrato. A essa altura, você já saberá se o contrato inicial será renovado ou não. Esse será o momento ideal para uma nova sondagem no mercado. É a hora de responder todos aqueles recrutadores que mandaram mensagem para você no LinkedIn durante esses meses. Ou de sondar seus colegas de profissão que têm contratos com outros clientes. Basicamente, é a hora de repetir o processo, porém de uma forma bem menos dolorosa. Nada mais é novidade para você, e o fator medo terá sido reduzido drasticamente.

Caso o seu contrato tenha sido estendido por mais alguns meses, é uma ótima oportunidade para testar o mercado, cobrando um valor maior do que o atual. Caso a resposta seja positiva, nada impede a negociação de um aumento do valor da sua hora atual ou até mesmo de uma transição suave para esse novo contrato. Isso é algo supernormal, e você não deve se sentir mal por isso. Desde que o cliente atual não seja deixado na mão do dia para a noite, faz parte das regras, e segue o jogo.

Se a resposta for negativa, você terá mais uma vez confirmado que está realmente cobrando o máximo que o mercado permite naquele momento para o seu perfil. É vitória em ambas as situações.

Porém, para aumentar o seu valor para os clientes, existem formas que vão além de simplesmente pedir mais e escutar a resposta. Clientes que recebem mais estão dispostos a pagar mais. Simples. A seguir, eu listo três formas que apliquei na minha jornada e que me ajudaram a atingir esse objetivo.

A primeira delas é algo bastante comum no mundo dos empregados, mas que se traduz perfeitamente para o mundo da consultoria. É a evolução de programador para arquiteto. Não adianta, se você passa a ocupar um cargo de maior importância dentro de um determinado projeto, o cliente fica duplamente satisfeito. Primeiro, porque esse cargo traz um nível de complexidade maior; logo, se você está realizando aquela atividade com maestria, o cliente não precisa se preocupar em ter alguém dentro do seu quadro de funcionários que seja capacitado o bastante para ocupá-lo. Segundo, porque a percepção de que ele realmente está contratando um especialista aumenta, já que agora você se tornou o cabeça da parte técnica do projeto. É mais do que natural que o cliente esteja disposto a subir consideravelmente a sua taxa horária se isso vier a acontecer.

Outra estratégia bastante usada por consultores, porém de uma complexidade bem maior no que diz respeito à execução, são aqueles consultores que, além de realizar o trabalho técnico para o qual foram contratados, começam também a ajudar seus clientes parceiros a irem atrás de novos contratos.

Todo processo de venda possui uma fase na qual o conhecimento técnico de um especialista é de suma importância. Tanto para estimar projetos quanto para convencer possíveis clientes de que a equipe a ser contratada é capaz de realizar o trabalho. Ninguém melhor do que você, um especialista conhecido mundialmente, para ajudar seu cliente nessa missão.

O que acontece é que quase sempre essa ajuda não é faturável. Ou seja, as horas gastas nesse processo não geram recebíveis de cara. Nada mais justo, já que o seu cliente também não está faturando ninguém.

O jogo muda a partir do momento em que você ajuda ativamente seu cliente atual a fechar um contrato, e essa venda é concretizada. Primeiro, esse novo cliente do seu parceiro já te conhece. Quem você acha que será contratado para a execução do projeto? Você acabou de garantir mais alguns meses de contrato, o que sempre cai bem. Segundo, porque, como você foi parte crucial do processo de fechamento da venda, você tem total liberdade de pedir uma taxa horária mais alta. Ou até mesmo um percentual do valor cobrado em cima das suas horas. Se a agência parceira que fechou esse novo contrato cobra 100 do cliente final em cima das suas horas, nada mais justo que você fique com 70, digamos assim.

Muitas vezes, um acordo desse tipo pode dobrar a sua taxa horária. Você ficaria assustado se soubesse quanto essas agências parceiras cobram em cima das horas que fazemos. Só se assegure de amarrar bem essas condições antes de começar a gastar suas preciosas horas nesse tipo de atividade de prospecção.

Uma terceira possibilidade para trazer ainda mais valor para nossos clientes é ajudá-los a explorar um mercado quase sempre inexplorado por eles: o Brasil. Eu diria que mais de 90% dessas agências e clientes que contratam para projetos de grande envergadura estão ocupados demais com os contratos na América do Norte para sequer olharem para o mercado brasileiro.

Na maioria dos casos, eles estão certíssimos. O Brasil é um país complicado de se fazer negócio, especialmente para gringos. Não somente isso, mas existe também o câmbio desfavorável. Não faz muito sentido cobrar em real para realizar o lucro em dólar.

Contudo, ainda assim, existem alguns casos específicos em que esse tipo de atividade pode ser interessante para o seu cliente. Minha dica é: mantenha os olhos bem abertos para esse tipo de oportunidade. Iniciar uma nova operação para essa empresa em território brasileiro pode não somente aumentar o seu valor perante esse cliente, mas também trazer um nível de visibilidade incomparável. É difícil, mas, se der certo, vai valer super a pena.

10. E DEPOIS DO PRIMEIRO CONTRATO?

Os meses vão passando, o trabalho vem sendo executado com sucesso. A conta no banco começou a crescer numa velocidade nunca imaginada, tudo parece ter entrado nos trilhos. Qual o plano daqui para frente? Continuar fazendo mais do mesmo até atingirmos o nosso montante objetivo?

Basicamente sim. Mas tem como tornar essa jornada um pouco mais divertida. Existem formas de tentarmos acelerar um pouco a execução do nosso plano. Quero deixar bem claro que não são garantias, como tudo o que foi compartilhado até aqui, mas que, no pior dos casos, vão tornar a jornada um pouco mais excitante.

Você, a essa altura, deve estar bem contente com o montante faturado mensamente trabalhando 40 horas semanais. Ser bem pago é sempre um fator motivante. Provavelmente, você nunca trabalhou tão empolgado em um projeto antes. Fica melhor ainda quando é necessário que você faça horas extras, afinal, como consultor, elas são todas pagas, sem aquela historinha de banco de horas.

Mas, se o seu projeto não precisa de horas extras, o que fazer?

Vamos procurar horas extras em outros contratos. No mercado, existem centenas de contratos curtos para especialistas em projetos que não necessitam de alguém disponível 40 horas semanais. Quinze, dez ou até cinco horas por semana é mais do que suficiente para o que eles necessitam. Muitas vezes, esses contratos são para que participemos de discussões e decisões arquiteturais. Essas empresas já possuem um corpo de desenvolvedores prontos para programarem o projeto, mas estão em busca de um arquiteto especialista que possa guiá-los com maestria.

Se você já teve semanas de 55 horas de trabalho enquanto era funcionário, você deve estar achando que eu estou louco. Aquilo era um pesadelo, jamais deveríamos tentar reproduzir aquilo novamente. Digo mais: você está certíssimo. O que proponho aqui é totalmente diferente disso.

Trabalhar horas e mais horas sabendo que não receberá nada pelo esforço extra, e — o pior de tudo — sem ter um plano em mente, é realmente muito desestimulante. Ou você realmente ama demais o seu trabalho ou essa realidade se torna insustentável no longo prazo.

Contudo, trabalhar algumas horas extras por semana sabendo que será muito bem pago por isso, e com uma meta em mente, é outra história. De repente, fazer aquelas duas horinhas extras por dia não parece um esforço tão grande assim. Ou abrir o computador em pleno sábado para fazer aquelas três horinhas deixa de soar como escravidão. Quando temos um objetivo claro, todo esse esforço passa a ter um significado maior. Trabalhar essas horinhas a mais e alcançar a independência financeira dois ou três anos antes faria sentido para você? Para mim, faz todo o sentido do mundo.

Outra grande vantagem de se ter um contrato secundário cobrindo algumas poucas horas por semana é a tranquilidade que isso traz em relação ao possível cancelamento do contrato principal. Mesmo que essas horas não sejam capazes de nos fazer atingir o montante objetivo, saber que nossas contas estão pagas, mesmo num caso extremo como esse, traz uma paz de espírito impagável. Não ter que mexer na nossa reserva de emergência é sempre algo positivo.

Outra possibilidade bastante interessante é termos dois contratos balanceados, cada um com uma média de 20 horas semanais. Contratos desse tipo não costumam ser lineares, ou seja, não espere fazer 20 horas exatamente por semana. Se houver demanda, o cliente não terá problema em pedir para você fazer um pouco mais.

Com isso, além das vantagens já discutidas anteriormente aqui, como a segurança de não depender de um só contrato, temos também a possibilidade dupla de encontrarmos algumas horas extras semanais. Se uma hora extra é bom, duas horas extras é melhor ainda.

Obviamente, nem tudo são flores. Existe um único ponto negativo que vale a pena ser mencionado aqui quando falamos de manter múltiplos contratos. Como você já deve imaginar, trata-se da troca constante de contexto. Você, muitas vezes, começará seu dia com reuniões relativas ao projeto A, logo depois passará para programação no projeto B, tendo, em seguida, que voltar para entregar algo no A, e finalizar o dia com uma apresentação para B. Temos que ter muito cuidado com a queda de produtividade decorrente dessa troca constante de contexto.

Saber balancear tudo isso é uma arte, e leva tempo para dominá-la. Não precisa ter pressa. Se você sentir que ainda não é o momento para passar para essa nova fase, sem problemas, concentre-se no contrato principal e foque sempre em melhorar como consultor. Essa é a principal forma de garantir que você será capaz de encontrar novos contratos quando a hora chegar.

11. COMO SE MANTER NO AUGE POR BASTANTE TEMPO?

O bolso está cheio, aquele número aparentemente absurdo que calculamos no início como o seu montante objetivo finalmente começa a parecer realista. Você faz as contas e observa que chegará nele antes dos 180 anos. É tudo uma questão de continuar martelando os pregos certos e não sair do trilho durante os próximos X anos. Como podemos garantir que isso não irá acontecer?

O primeiro ponto é ser honesto consigo mesmo. Agora que a coisa engrenou, é muito fácil perder o foco do que realmente importa e começar a gastar tempo demais com coisas que não nos levam para a frente.

É supernormal querer escolher a dedo o carro que irá comprar agora que tem dinheiro para escolher. Ou em qual apartamento morar. Esse processo faz parte da jornada e deve ser curtido.

O problema começa quando, por exemplo, usamos o horário comercial, no qual deveríamos estar produzindo, para matar essas pequenas curiosidades. A partir desse momento, uma luz amarela deve acender na sua cabeça, e eu estou aqui para alertá-lo. Você, neste momento, pode achar que isso jamais acontecerá com você, alguém tão focado, mas, acredite, vai acontecer. Cedo ou tarde. O mais importante é sabermos disso desde já, para identificar rapidamente quando chegar o momento e nos forçarmos a corrigir isso antes que seja tarde demais. Então, minha primeira dica é: fique alerta, pois é fácil perder o foco com o bolso cheio.

Outro ponto que deve ser martelado à exaustão é a garantia dos próximos contratos. Sempre que você estiver em um contrato, por mais maravilhoso que ele pareça, saiba que ele pode (e vai) ser finalizado pelo cliente sem qualquer tipo de aviso. Do dia para a noite, você vai de uma renda altíssima para zero, e começa a queimar a sua tão preciosa reserva de emergência. O que fazer para evitar isso? Nada.

Não podemos impedir isso de acontecer. É algo normal nesse meio que escolhemos. O que podemos fazer é aprender a lidar com essa frustração e passar rapidamente para o próximo contrato. E qual a melhor forma de garantir que teremos próximos contratos? Mantendo nosso status de programador-celebridade.

Estar sempre ativo nas redes sociais profissionais, nos fóruns, ou até mesmo puxando papo com seus colegas de profissão mais influentes na internet vai garantir que você jamais saia do radar. Se você obteve algum título nesse meio-tempo, é a hora de garantir que ele será renovado. Obviamente, é normal reduzir um pouco a pegada agora que você já possui contratos e está a pleno vapor, mas não podemos relaxar completamente se quisermos ter um próximo contrato. Esta é a minha segunda dica para esse momento: se policie para não perder a mão na parte de relacionamentos e na presença digital ao ponto de cair no esquecimento.

Indo um pouco além, eu diria mais. Por que, em vez de simplesmente manter a rede de contatos que já tínhamos, não partimos para expandi-la ainda mais? Essa é a hora perfeita para tal. Você já é conhecido, tem vários contatos que podem apresentá-lo a pessoas ainda desconhecidas e não precisa mais se segurar para dizer que trabalha com contratos, agora que não é mais funcionário de ninguém. Como a gente nunca sabe quando vai encontrar o próximo, confie em mim: o segredo e manter os olhos abertos.

12. QUER IR MAIS LONGE? TEM COMO, MAS É ARRISCADO.

Ser um consultor internacional altamente remunerado durante os próximos dez anos e atingir a liberdade financeira é bem melhor do que ser um funcionário mal pago durante 40 anos e, ainda assim, depender da aposentaria pública, que pode nunca vir. Não há dúvidas quanto a isso. Mas se quisermos fazer algo mais para temperar essa jornada? Tem como, mas isso sempre trará alguns riscos.

Até o presente momento, temos operado uma empresa de uma pessoa só. Você é o dono, o executor dos serviços e a corregedoria. A simplicidade desse tipo de operação tem suas vantagens, mas, como tudo na vida, tem dois lados. Fica impossível escalarmos um negócio desse tipo. Durante toda a jornada, estaremos presos ao fato de que a empresa necessita da nossa pessoa no batente dia após dia para performar. Quer tirar umas férias de 15 dias? Serão 15 dias sem faturamento algum. Rapidamente, você vai perceber que não faturar 15 dias vai sair mais caro do que o custo total de uma viagem de férias.

A única forma de tornarmos esse negócio escalável, ou seja, conseguir aumentar de forma indefinida o faturamento dele, é deixando de sermos a única fonte de recursos financeiros. Em outras palavras, precisamos de outros programadores trabalhando para nossa empresa e sermos capaz de faturar os nossos clientes pelas horas trabalhadas por esses programadores. É o processo que eu costumo chamar de deixar de ser uma empresa e passar a ser um negócio.

A forma mais fácil de se atingir esse objetivo é utilizando-se dos seus próprios clientes atuais para vender esses novos programadores. Veja bem, se o projeto precisa de mais gente e você conhece alguém altamente capaz de executar aquelas tarefas, nada mais natural que tentemos convencer esse cliente a contratá-lo, assim todos saem ganhando. Pouco importa se ele trabalha de forma totalmente autônoma ou se sua contratação passa por um intermediário — nesse caso, nós mesmos. É muito mais fácil fechar esse tipo de parceria do que ir, de forma totalmente independente, atrás de novos clientes para esse seu novo funcionário. Lembre-se sempre: você é um programador-celebridade, ele não.

Essa transformação envolve diversos riscos inerentes a qualquer negócio iniciado no Brasil, como o risco trabalhista, tributário, cambial, entre outros. Não vamos entrar nesses detalhes, pois já são exaustivamente batidos em outros meios. Vamos focar em tudo aquilo que é específico ao tipo de negócio que estamos desenvolvendo.

Basta nos colocarmos na pele dos nossos clientes. Eles precisam de ajuda em determinada plataforma e estão mais do que dispostos a pagar altas taxas horárias para contar com um especialista conhecido mundialmente. Mas quem garante que eles estarão dispostos a pagar, mesmo que taxas menores, por um programador remoto sem muita experiência em projetos desse tipo e totalmente desconhecido? Esta será nossa primeira grande dificuldade: convencer esses clientes de que isso é uma boa ideia.

Antes mesmo de começar a procurar e contratar programadores, eu o convido a sentar com seu cliente atual e perguntar, de forma franca e transparente, se eles teriam interesse em contratar um programador nessas circunstâncias. Deixe claro que você será totalmente responsável por garantir que esse novo programador seja capaz de entregar um serviço de qualidade. Explique que, logicamente, como não se trata de um programador-celebridade, o preço da hora será uma fração daquele cobrado por você. Muitas vezes, essa confiança extra juntamente com a necessidade de encontrar alguém barato e confiável vão gerar uma resposta positiva. Vale a pena tentar.

Conforme já conversamos aqui anteriormente, tudo tem dois lados. Com essa estratégia, não seria diferente. Se, por um lado, a ideia de escalonar o seu negócio e poder finalmente tirar umas merecidas férias sem zerar o faturamento da empresa pode parecer extremamente atraente, por outro é preciso ficar ligado em alguns detalhes.

Você será o responsável por recrutar e treinar esse novo programador. Essas são horas não faturáveis, logo, pelo menos inicialmente, você terá que trabalhar de graça. Você será responsável pelo pagamento do salário desse seu novo funcionário. Então pouco importa se o seu cliente pagou em dia ou atrasou o pagamento de uma fatura, o salário do funcionário deve ser pago de toda forma. Logo, é primordial ter um belo colchão de segurança antes de pensar em fazer esse movimento. Sugiro ter guardado, pelo menos, o valor do salário dele equivalente a seis meses (sem esquecer os impostos e encargos) para garantir sua paz de espírito.

Além disso tudo, não se esqueça de que prometemos que seríamos responsáveis pelo desempenho desse novo programador. Isso envolve riscos em diversas dimensões. O primeiro ponto, e mais óbvio, é que você se tornará uma espécie de gerente dele, garantindo que as metas estabelecidas pelo cliente serao alcançadas. Dessa forma, você deve se preparar para faturar menos de 40 horas semanais de programação e arquitetura, já que algumas horas serão gastas com gerenciamento da sua mais nova equipe. Adicione isso quando for calcular o lucro líquido em cima das horas faturadas pelo seu funcionário.

Outro risco associado a esse mesmo ponto é a sua reputação. Lutamos bastante para construí-la, então não vamos permitir que ela seja destruída logo agora. Portanto, se você garantiu a qualidade do trabalho do seu funcionário para o cliente, você tem que primeiro fazer o maior esforço possível para contratar a pessoa certa, mas, caso acabe errando, e ele não seja capaz de entregar o serviço com a qualidade desejada, você irá terminar esse serviço. Obviamente, faturando seu cliente usando a hora combinada para o funcionário, não a sua. Esse risco deve sempre ser levado em consideração na hora de decidir se deve ou não realizar esse movimento.

13. CHEGANDO NOS FINALMENTES.

Independentemente de você ter se arriscado nas opções mais arrojadas compartilhadas aqui ou simplesmente ter seguido o plano básico ano após ano, uma hora ou outra você entrará na trilha do sucesso financeiro, e dinheiro deixará de ser o maior problema da sua vida.

Teremos sempre que lutar contra o reflexo de subirmos demais o nosso nível de consumo e padrão de vida, já que isso é altamente prazeroso, para assim garantir uma capacidade mensal de acumulação monetária substancial. Queremos economizar o máximo que pudermos, pois isso acelerará o processo de independência financeira.

No entanto, o que fazer com esse bolo de dinheiro que só aumenta mês após mês? Obviamente, investi-lo com sabedoria é a escolha certa, mas aqui mora um grande perigo.

É muito comum ver pessoas que chegam nesse ponto da carreira e começam a perder o foco dos serviços prestados e a gastar mais tempo do que deviam tentando otimizar ao máximo os rendimentos passivos provenientes desses investimentos feitos ao longo dos anos. Faz todo sentido do mundo não querer deixar dinheiro na mesa de forma gratuita, mas, a partir do momento que você passa a faturar menos horas ou tem a sua produtividade reduzida devido a isso, esse processo deixa de ser interessante. Faça as contas, é algo matemático, não vale a pena.

Dito isso, meu conselho é que você busque informações com especialistas para garantir que seu suado dinheirinho esteja rendendo conforme sua capacidade de tomar riscos. Explique o plano, deixe claro que a ideia é atingir um ponto em que suas contas são totalmente pagas por investimentos passivos, e esses especialistas serão mais do que capazes de guiá-lo nesse novo mundo dos investimentos financeiros. Não tem nada de errado em não ser o maior expert do mundo nesse assunto e usar com sabedoria o conhecimento daqueles que o são.

Por outro lado, não seja duro demais consigo mesmo. Como foi dito no início deste livro, para que consigamos atravessar essa jornada com um sorriso no rosto, é preciso que nossa vida ao longo dela seja prazerosa. De que adianta poupar 90% dos rendimentos mensais se você odeia sua vida? Não é sustentável. Cedo ou tarde você vai acabar largando o plano e colocando a culpa no dinheiro, na ganância. Não. A culpa está no fato de você não saber usar esse mesmo dinheiro com inteligência. Afinal, dinheiro foi feito para ser usado, só que na hora certa.

Busque coisas que tragam prazer para você e gaste seu dinheiro com isso. A imensa maioria das pessoas vai descobrir que o que elas acham que trará prazer é, na realidade, bem diferente daquilo que realmente as deixa felizes. É um processo de aprendizado constante. Talvez, ter aquele supercarro esportivo seja menos legal do que você pensava. Talvez ter a possibilidade de presentear a família inteira com uma superviagem de final de semana na praia traga uma felicidade nunca antes experimentada por você. Ou talvez finalmente ter tempo livre para se dedicar a trabalhos voluntários seja o seu verdadeiro sonho de consumo. Não tem certo ou errado aqui. O mais importante é não se deixar levar pela inércia de ganhar dinheiro só por ganhar dinheiro e lembrar por que essa jornada foi iniciada lá atrás: o objetivo é sempre ser feliz, isso sim é ter uma vida de sucesso.

www.ingramcontent.com/pod-product-compliance
Lightning Source LLC
LaVergne TN
LVHW051611050326
832903LV00033B/4447